RELIGION EN ACTION

RÉPERTOIRE DE LA JEUNESSE.

*Drames. — Pastorales. — Comédies. — Tragédies.
Poëmes et Chants divers.*

AZÉMIA

OU

LA CHARITÉ CHRÉTIENNE

COMÉDIE-VAUDEVILLE EN 3 ACTES

PAR

M. L'ABBÉ ESTÈVE

AUMONIER DU LYCÉE, OFFICIER DE L'INSTRUCTION PUBLIQUE,
CHEVALIER DE LA LÉGION D'HONNEUR.

DEUXIÈME SÉRIE.

POITIERS

HENRI OUDIN, LIBRAIRE-ÉDITEUR,

RUE DE L'ÉPERON, 4.

1865

AVIS DE L'ÉDITEUR.

—

Pour être essentiellement morales et religieuses, les pièces que nous publions n'en offrent pas moins une lecture aussi attrayante qu'elle est instructive.

Le plus grand soin ayant présidé au choix des sujets et à l'ordonnance des rôles, les drames, pastorales, etc., peuvent être joués dans les maisons d'éducation où l'on a conservé l'usage de ces sortes d'exercices.

Nous les croyons éminemment propres à rehausser l'intérêt qui s'attache aux solennités scolaires. Désireux de joindre autant que possible l'utile à l'agréable, *utile dulci*, comme dit l'adage antique, l'auteur s'est principalement inspiré des modèles si chers à la jeunesse : FÉNELON et RACINE.

OBSERVATION. — Quant à la plupart des couplets répandus dans les diverses pièces, on peut, à défaut du chant, se borner à les réciter.

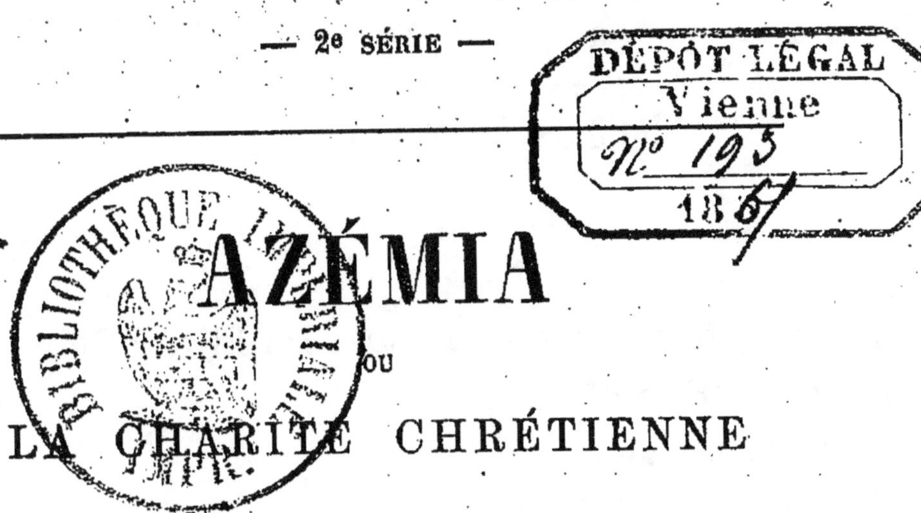

AZÉMIA

OU

LA CHARITÉ CHRÉTIENNE

COMÉDIE-VAUDEVILLE EN 3 ACTES.

PAR

M. L'ABBÉ ESTÈVE,

AUMONIER DU LYCÉE DE POITIERS, OFFICIER DE L'INSTRUCTION
PUBLIQUE, CHEVALIER DE LA LÉGION D'HONNEUR.

POITIERS

HENRI OUDIN, LIBRAIRE-ÉDITEUR,

RUE DE L'ÉPERON, 4.

1865

PERSONNAGES.

—

AZÉMIA , fille adoptive de Mme D'HENNEBON.
Madame D'HENNEBON.
LOUISE , sa fille.
ADÈLE , gouvernante.
Une étrangère.
MARIA , sa fille.
JEANNE , fermière.
MIRA ,
JEANNETTE ,   } servantes.
ESTELLE ,
Troupe de jeunes écolières.

(La scène est au château de Mme d'Hennebon.)

AZÉMIA

ou

LA CHARITÉ CHRÉTIENNE.

ACTE PREMIER.

SCÈNE PREMIÈRE.

Mme D'HENNEBON , ADÈLE.

Mme D'HENNEBON.

Toujours est-il, Mademoiselle, qu'en vous chargeant de la conduite de Louise, j'avais fort mal placé ma confiance ; et sans l'avertissement direct que j'ai reçu de la maîtresse de pension, j'en serais encore à ignorer ce qu'il m'importe si fort de connaître.

ADÈLE.

Ne m'accablez pas davantage, je vous en prie, Madame : je reconnais mes torts dans cette circonstance, et si le repentir le plus profond peut avoir quelque valeur à vos yeux, vous me rendrez cette estime, cette confiance dont je suis jalouse, dont j'étais si fière, et que désormais ma conduite ne cessera de justifier.

Mme D'HENNEBON.

Ce qu'il y a d'étrange, c'est qu'il m'a fallu insister pour obtenir des explications auxquelles j'ai un droit absolu. Comment? je vous charge de conduire Louise à la pension et de la ramener ensuite, sans la perdre de vue un seul instant, et voilà qu'il s'ourdit, à mon insu, une trame dont tous les fils me sont complétement dérobés, sous prétexte que Louise, une enfant... vous en a demandé le secret? Des secrets pour une mère! eh! mon Dieu, ma chère fille, que vous êtes donc naïve! car j'hésite à vous appliquer une épithète qui serait plus juste, mais trop humiliante pour votre amour-propre.

ADÈLE.

Sans recourir, pour le passé, à des palliatifs que vous refuseriez d'admettre, je vous promets encore une fois, et du fond de mon âme, pour l'avenir, une conduite irréprochable.

(Elle s'agenouille.)

Mme D'HENNEBON (*la relevant*).

Vous savez bien que ce n'est pas le motif qui vous a fait agir l'une et l'autre que je blâme : ce motif est des plus respectables, des plus touchants, je suis heureuse d'en convenir. Ce que je blâme, c'est le secret concerté entre vous et Louise.

Les bonnes intentions ne sauraient excuser le manége qui provoque mes justes susceptibilités maternelles. Gardez-vous donc de prendre le change sur

la nature de ma pensée. D'ailleurs vous connaissez
mes principes de religion et de conduite à l'égard
du prochain. La circonstance m'autorise à les rappeler, je le fais sans complaisance, comme sans
fausse modestie.

ADÈLE.

Je sais, Madame, que votre cœur est une source
intarissable de bonne et vraie charité ! et c'est ce
qui me porte à compter sur votre indulgence.

Mme D'HENNEBON.

Il faut d'abord que j'interroge Louise elle-même
que j'ai mandée pour cette heure-ci. (*Elle consulte sa
montre, puis continuant.*) L'aveu et les détails que
j'attends règleront ma conduite ultérieure envers les
deux coupables.

ADÈLE.

Au moins, chère Madame, ne soyez pas trop sé-
vère envers cette bonne et sensible enfant, puisque, d'après vous-même, c'est moi qui ai les plus
grands torts.

Mme D'HENNEBON.

Retirez-vous de grâce, Louise est sur le point
d'entrer au salon, et je ne veux pas qu'elle vous y
rencontre, j'ai mes raisons pour cela.

SCÈNE II.

Mme D'HENNEBON, LOUISE.

Mme D'HENNEBON (*assise*).

Approchez, Louise, venez que je vous gronde comme vous le méritez.

LOUISE (*s'avançant et paraissant émue*).

Je ne suis pas si coupable que vous le pensez, maman.

Mme D'HENNEBON.

Alors, Mademoiselle, pourquoi vous obstiner à envelopper votre conduite d'un mystère impénétrable à toutes les personnes de la maison et même à moi, à votre mère, pour qui vous ne devriez avoir rien de caché, absolument rien.

LOUISE.

Ma bonne maman, souffrez que je vous embrasse !

Mme D'HENNEBON.

Non, Mademoiselle, il faut qu'auparavant je sache si vous m'aimez véritablement.

LOUISE.

Eh ! que voulez-vous donc que je fasse pour vous le prouver ?

Mme D'HENNEBON.

Il faut vous expliquer avec franchise et ne pas recourir à de vilains faux-fuyants. Oh ! la dissimulation est un vice honteux, détestable, surtout dans une petite fille de votre âge.

LOUISE.

O maman! je mourrais, si je pouvais croire que vous ne m'aimez plus.

Mme D'HENNEBON.

Tout cela est bel et bon; mais au fait, dites-moi, n'est-il pas vrai que depuis quelques jours vous êtes beaucoup plus préoccupée de votre départ pour la classe, que vous ne l'étiez ordinairement? N'est-il pas vrai que vous voyez avec une impatience marquée, une sorte de mutinerie grondeuse, tout ce qui peut retarder ce départ tant désiré, même du plus léger instant?

LOUISE.

Eh bien! maman, quel mal y a-t-il? Ne me recommandez-vous pas vous-même d'assister aux leçons du cours avec la plus grande exactitude. Vous m'avez dit cent fois que la paresse était la pépinière des vices.

Mme D'HENNEBON.

Bien, mais si j'ajoute que, malgré cette précipitation extraordinaire, vous arrivez à la classe plus tard que vous n'y arriviez autrefois, qu'aurez-vous à me répondre?

LOUISE.

Qui vous a dit cela, maman?

Mᵐᵉ D'HENNEBON.

Qu'importe, pourvu que je le sache!

LOUISE.

Ah! je le vois bien, c'est Adèle qui a parlé.

Mᵐᵉ D'HENNEBON.

Soit, Mademoiselle : toujours est-il qu'il vous reste
maintenant à m'expliquer l'emploi de votre temps.
Direz-vous, comme font quelquefois les écoliers, que
vous avez choisi le chemin le plus long? Je ne donne-
rai point dans ce piége-là. Il y a un changement sou-
dain dans votre conduite, j'ai droit d'en savoir les
motifs ; je ne prie pas, j'exige. Au reste, vous ne
pouvez recourir à aucun subterfuge, vous voilà prise
dans un cercle dont vous ne sauriez sortir.

LOUISE.

Eh bien! maman, je dirai la vérité, toute la vérité, mais à une condition.

Mᵐᵉ D'HENNEBON.

Encore! Savez-vous, mademoiselle, que si l'on
nous entendait, on finirait par croire que nous trai-
tons ici d'égale à égale, ou plutôt que c'est à moi de
subir la loi que vous voudrez bien me dicter? Vraiment, si cela continue, les rôles seront intervertis,
et d'accusée que vous étiez, vous deviendrez l'accu-
satrice, et il faudra que j'aille prendre place à vos
pieds, sur la sellette des coupables.

LOUISE.

O maman ! ne m'humiliez pas davantage, je ne l'ai pas mérité.

Mme D'HENNEBON (*sévèrement*).

Assez, Mademoiselle, et ne passez plus les bornes que vous ne devez jamais franchir. Souvenez-vous qu'en pareille circonstance, vous n'avez pas le droit d'imposer des conditions à votre maman.

LOUISE.

Ma bonne maman, je vous en conjure à deux genoux.

Mme D'HENNEBON (*à part*).

N'aurai-je donc jamais le courage de résister aux exigences de cette enfant?—(*Haut*). Allons, Louise, levez-vous ; quelle est donc cette condition que vous mettez à l'aveu de la vérité, de toute la vérité ?

LOUISE.

Je voudrais avoir votre parole que vous m'accorderez telle grâce que je vous demanderai ensuite.

Mme D'HENNEBON.

Il s'agit sans doute du pardon de la faute que vous allez m'avouer et dont vous voudriez être assurée à l'avance.

LOUISE.

Mais, maman, encore une fois, je ne crois pas avoir commis de faute..... grave du moins.

Mme D'HENNEBON.

Cette faveur vous regardera-t-elle personnelle-
ment, ou sont-ce des étrangers qui doivent en être
l'objet ?

LOUISE.

Plusieurs personnes y sont intéressées.

Mme D'HENNEBON.

Je vous trouve bien jeune pour faire ainsi de la
diplomatie !

LOUISE.

Me le promettez-vous ?

Mme D'HENNEBON.

Je devrais refuser, mais pour vous prouver combien vous seriez ingrate de manquer à la franchise,
dans l'exposé des faits que vous allez me soumettre,
je veux bien vous accorder votre demande, en me
réservant le droit d'en apprécier la justesse et la
convenance; car, voyez-vous, avec les enfants de
votre âge, toute promesse de ce genre est nécessairement conditionnelle.

LOUISE.

Au reste, je m'en rapporte sur ce point à la bonté
de votre cœur.

Mme D'HENNEBON.

Allons, je vois bien que j'ai affaire à une négo-
ciatrice consommée; mais, actuellement que vous
avez bien pris toutes vos mesures et combiné toutes

les précautions qu'a pu vous suggérer votre haute sagesse, consentez-vous à vous expliquer comme je le désire.

LOUISE.

Oui, maman.

Mme D'HENNEBON.

Enfin !

LOUISE.

C'était un soir, vers les sept heures, après la sortie de la classe. Je revenais au château, accompagnée de ma gouvernante, lorsqu'en passant auprès des grandes maisons qui s'élèvent sur la gauche de la rue de Paris, j'ai été accostée par une petite fille de mon âge, qui paraissait fatiguée et souffrante. Elle s'est adressée à moi d'une voix entrecoupée de larmes : Mademoiselle, a dit cette pauvre enfant, pourriez-vous me donner un peu de pain ? J'ai faim, j'ai bien faim ! — O mon Dieu ! tenez, ai-je répondu, prenez, j'ai heureusement gardé mon goûter. Mais comme vous êtes pâle ! comme vous pleurez ! — C'est qu'il y a bien longtemps que je suis là, m'a-t-elle répliqué. J'avais peur, je n'osais m'adresser à personne, car c'est la première fois que je suis réduite à cette triste nécessité ; j'étais brûlée du soleil, j'avais cherché de l'ombre derrière ces pierres, en attendant que je visse passer quelque petite fille qui eût l'air bon comme vous. — Vous n'avez donc pas de maman pour vous soigner ? — Pardonnez-moi, Mademoiselle, mais elle est bien souffrante :

sans doute qu'elle a faim elle aussi, quoiqu'elle me
dise toujours que non pour ne pas me faire pleurer.
— Pauvre petite, ai-je interrompu en essuyant mes
larmes, allez bien vite retrouver votre bonne maman et dites-lui qu'on aura soin d'elle et de vous,
et puis voilà.....

Mme D'HENNEBON (*attendrie*).

Viens, ma Louise, viens m'embrasser !

LOUISE (*d'un air de triomphe*).

Eh bien ! maman, vous n'êtes pas si fâchée à présent, et vous voyez pourquoi j'étais si pressée d'aller
à la pension, et pourquoi je revenais quelquefois si
tard. C'est que je rencontrais toujours ma petite protégée, à qui j'avais soin de réserver toujours mon
déjeuner et mon goûter, et puis j'étais si heureuse
de causer avec elle !

Mme D'HENNEBON.

Mais, mon enfant, vous avez dû souffrir vous-
même de cette double privation ; aussi me semblait-il
que, depuis quelque temps vous aviez considérable-
ment pâli.

LOUISE.

Mon Dieu, non, je ne me suis jamais mieux portée
que depuis ce temps-là.

Mme D'HENNEBON.

Mais, si vous m'eussiez donné plus tôt connais-
sance de tous ces détails, j'aurais pris des mesures

our que vos deux protégées ne manquassent de
ien, et vous n'auriez pas été obligée de vous priver
vous-même. Croyez-vous, Louise, que votre santé
ne me soit pas bien chère ?

LOUISE.

Que voulez-vous, maman, j'étais heureuse de
mon secret, et puis, vous m'avez souvent répété
qu'on ne devait pas se vanter de ses bonnes œuvres.
Notre digne et bon pasteur ne dit-il pas aussi dans
ses bonnes morales que, lorsqu'on donne l'aumône,
il ne faut pas que la main gauche sache ce que fait
la main droite.

Mme D'HENNEBON.

Je suis bien contente, Louise, que vous sachiez
déjà comprendre et aimer les préceptes de la religion. Néanmoins, rappelez-vous qu'à votre âge vous
ne devez rien cacher à votre mère, pas même le
bien que vous faites. Une conduite opposée pourrait, dans certaines circonstances, produire de très-
fâcheux effets.

LOUISE.

Je me le rappellerai bien, mais à présent vous
savez, ma bonne maman, que vous m'avez promis
de m'accorder telle grâce que je vous demanderais.

Mme D'HENNEBON.

Je vous avoue, ma chère enfant, que d'après la
tournure que notre conversation a prise, je suis toute

disposée à vous obliger, et que très-probablement je ne serai pas difficile.

Voyons, de quoi s'agit-il?

LOUISE.

C'est que j'aime bien ma petite Marie, c'est le nom de ma protégée. Elle est si gentille, d'un caractère si doux, si liant, et puis, elle est si malheureuse!

Mme D'HENNEBON.

Je conçois cela : eh bien !

LOUISE.

Eh bien ! je voudrais qu'il me fût permis de l'amener à la maison, vous l'habilleriez comme moi, nous irions à la classe ensemble, elle serait ma petite sœur et je lui montrerais mes joujoux, mon ménage et ma poupée, et nous nous amuserions toutes deux aux heures de récréation.

Mme D'HENNEBON.

Cela demande, ma fille, un moment de réflexion. Il ne faut pas que le bon cœur engage dans des démarches dont on pourrait quelquefois avoir à se repentir. Mais pour vous prouver combien je désire vous être agréable, je prendrai le plus tôt possible des informations sur la mère et sa fille, et c'est là-dessus que je règlerai notre conduite officieuse à leur égard. Je puis vous assurer, Louise, qu'il ne tiendra pas à moi que votre vœu ne soit accompli ; en attendant, vous avez ici à la maison une compagne qui est aussi bien bonne, bien douce. Est-ce que vous n'aimez pas Azémia ?

LOUISE.

Oh ! je l'aime beaucoup, mais si vous saviez, maman, comme elle est quelquefois triste et mélancolique ! Je m'aperçois bien qu'elle ne joue que par complaisance pour moi. Une fois même, je l'ai surprise...... Vous ne lui direz pas cela, au moins, bonne maman ?

Mme D'HENNEBON.

J'espère que vous pourrez compter sur ma discrétion.

LOUISE.

Ce jour-là, elle paraissait plus rêveuse qu'à l'ordinaire, je l'avais vainement taquinée, lutinée pour la forcer à se dérider, impossible !... Tout ce que je pouvais obtenir, c'était un léger sourire, et puis elle retombait dans sa mélancolie. Je m'aperçus bientôt qu'elle cherchait à s'éloigner, comme pour donner un libre cours à ses larmes. Je fis semblant de songer à toute autre chose, mais moi, pas bête, je la suivis tout doucement.

Mme D'HENNEBON.

Petite curieuse !

LOUISE.

Elle s'enfonça jusqu'au bout de la grande allée du parc, et là, s'étant assise sous le berceau de charmille, elle se prit à pleurer à son aise et elle disait

des mots entrecoupés si tristes qu'elle me fendait le
cœur. Ah! si je n'avais pas craint de lui faire voir
que j'étais là, et que l'avais suivie pour l'écouter, je
serais allée me jeter à son cou pour l'embrasser et la
consoler, cette pauvre Azémia !

Mme D'HENNEBON.

C'est, vois-tu, Louise, qu'Azémia, quoique jeune
encore, a éprouvé de grands malheurs. C'est une
orpheline, elle a perdu des objets bien chers à son
cœur; son père d'abord, puis sa mère, et enfin une
petite sœur qu'elle aimait beaucoup.

LOUISE.

Oh! elle est bien à plaindre et je ne lui ferai plus
tant de misères pour l'empêcher d'être triste! Cependant, il ne lui manque rien ici, vous la traitez
comme votre fille, je m'aperçois tous les jours que
vous cherchez à lui complaire en tout.

Mme D'HENNEBON.

Je fais mon possible pour adoucir ses peines; mais,
voyez-vous, mon enfant, pour une jeune fille, la
mère véritable est tout, et nulle autre ne peut la
remplacer.

LOUISE (joignant les mains).

Que le bon Dieu me conserve la mienne bien
longtemps !

Mme D'HENNEBON.

Et moi, Louise, croyez-vous que je ne suis pas
heureuse de vous avoir, surtout si vous continuez

de montrer un si bon cœur, et de contenter votre excellente maîtresse de pension. A propos, je songe que contre l'ordinaire, vous serez en retard ce matin: allez, dites à la bonne que je lui commande de mettre double provision dans votre panier, afin que vous puissiez vous montrer généreuse, sans que cela soit à vos dépens. De plus, voici une pièce que vous pourrez joindre à votre offrande accoutumée, pour dédommager Maria du retard que vous avez mis à la visiter aujourd'hui.

LOUISE.

Maman, que je suis contente, et que vous êtes bonne !   (*Elle sort.*)

SCÈNE III.

Mme D'HENNEBON (*seule*).

Oui, décidément, Louise aura bon cœur ; c'est étonnant qu'elle joigne une pareille sensibilité à tant de pétulance, de petites ruses et parfois de mutineries. Je commençais à avoir de sérieuses inquiétudes, je craignais qu'elle ne devînt dissimulée : heureusement je la trouve plus aimable que jamais; c'est singulier et touchant que l'histoire de cette petite Maria et de sa mère! Je serais enchantée de continuer à leur égard l'œuvre commencée par Louise, mais il me faut des garanties. Et cette pauvre Azéma, elle a bien besoin de consolations, elle aussi. Voyons encore une fois, si je pourrais lui faire entendre raison. (*Elle sonne.*)

1*

SCÈNE IV.

Mme D'HENNEBON , ESTELLE.

LISETTE.

Je suis à vos ordres, Madame.

Mme D'HENNEBON.

Louise n'a-t-elle point oublié la recommandation que je lui ai faite ?

ESTELLE.

Oh ! non , Madame, je vous assure que le panier est dûment approvisionné , elle est d'un contentement, d'une joie !... Elle est partie comme un trait. Mira l'accompagne , elles sont déjà loin.

Mme D'HENNEBON.

Effectivement , j'avais prié Mlle Adèle de rester pour quelques ordres que j'avais à lui donner bientôt.

ESTELLE.

Faut-il aller la prévenir ?

Mme D'HENNEBON.

Non, pas tout à l'heure , car j'ai besoin de m'entretenir avec Azémia auparavant, c'est elle qu'il faut aller chercher.

ESTELLE.

Précisément, je viens de la rencontrer au moment où vous m'avez appelée , et elle m'a dit qu'elle m'attendrait à sortir pour entrer elle-même au salon ayant à ce qu'il paraît besoin de parler à Madame.

Mme D'HENNEBON.

Dans ce cas vous pouvez vous retirer.

SCÈNE V.

Mme D'HENNEBON, AZÉMIA.

Mme D'HENNEBON (*à Azémia qui entre sur la scène*).

Je suis bien contente de vous voir, Azémia; j'avais même prié qu'on vous appelât, car enfin, pendant que je suis en train de gronder.....

AZÉMIA.

Ah! ce sont des reproches! cela me surprend, Madame : vous n'avez pas l'habitude de m'en adresser aussi souvent que je le mériterais.

Mme D'HENNEBON.

Oui, Mademoiselle, des reproches et de très-sérieux encore !

AZÉMIA.

J'écoute, Madame.

Mme D'HENNEBON.

Vous m'avez promis que vous seriez désormais plus raisonnable au sujet de ces chagrins qui vous fatiguent, qui ruinent votre santé : je vous l'ai dit,

quand un malheur est irrémédiable, il faut pourtant
en prendre son parti, et se commander un peu à
soi-même ; d'ailleurs, vous le savez, la religion con-
damne tous les excès, et celui de la tristesse comme
les autres ! D'abord j'ai apprécié, comme je le devais, la grandeur des pertes que vous avez faites ;
j'ai même pleuré avec vous, vous le savez, Azémia ?

AZÉMIA.

Je sais, Madame, toutes vos bontés : aussi, ma
reconnaissance sera-t-elle sans bornes, comme vos
bienfaits.

Mme D'HENNEBON.

Un excellent moyen de me le prouver, c'est de
prendre enfin quelque empire sur une douleur qui,
au moins, ne doit pas être de tous les jours, de
tous les instants. Je ne vous défends pas de songer
quelquefois à vos infortunes, de les déplorer ; mais
enfin, vous devez chercher à vous donner à vous-
même quelque répit à cet égard. Pour cela, il
vous faudrait quelques distractions agréables, et
vous les fuyez. Enfin, vous comprenez, sans que je
m'explique davantage, le but de mes observations.
Votre deuil, Azémia, ne doit pas être éternel, à présent surtout que votre position de fortune s'est si
heureusement améliorée.

AZÉMIA.

Amenée sous l'aile de votre protection, par suite
d'événements providentiels, dont votre obligeance

extrême a été comme le couronnement, je n'ai jamais regretté ni ambitionné la richesse pour elle-même, et ne trouvé-je pas auprès de vous tout ce que je puis désirer? Orpheline, j'ai été recueillie, protégée, élevée par vos soins. Cette fortune inattendue même dont vous parlez, n'est-ce pas aux nombreuses démarches que vous avez faites ou ordonnées que je la dois?

Mme D'HENNEBON.

Soit. Est-ce un motif pour que vous refusiez d'en profiter? Sans sacrifier à la vanité, qui est un vice blâmable et ridicule, ne pouvez-vous avoir quelque égard à mes observations? et puis ne me devez-vous pas quelque obéissance? n'êtes-vous pas ma fille adoptive?

AZÉMIA.

Bonne maman! (*Elle l'embrasse.*)

Mme D'HENNEBON.

Ah! puisse ma Louise posséder un jour toutes vos qualités et je serai trop heureuse.

AZÉMIA.

Ne vous plaignez pas, Madame : Louise est un ange; elle a un cœur excellent.

Mme D'HENNEBON.

Il est vrai qu'aujourd'hui même, j'en ai eu des preuves incontestables. Vous savez, depuis quelques jours, nous étions en guerre avec elle, pour un cer-

tain secret qu'elle s'obstinait à nous cacher. Eh
bien ! elle a tout avoué !

AZÉMIA.

Et vous avez été bien contente, j'en suis sûre?

Mme D'HENNEBON.

Oui, mais il paraît qu'elle n'est pas très-contente
de vous, précisément au sujet de ce que je vous disais tout à l'heure. Louise vous trouve plus triste,
plus mélancolique qu'à l'ordinaire ; autrefois vous
consentiez à jouer avec elle, vous preniez part à
toutes ses joies, à ses petits chagrins. Aujourd'hui
ce n'est plus cela. Vous cherchez la solitude, vous
pleurez..... Oh ! Louise sait là-dessus bien des
choses.....

AZÉMIA.

Madame, pardonnez-moi, peut-être est-ce de
l'ingratitude, mais enfin, je cède à un sentiment
irrésistible.

Le croiriez-vous, cette pensée que la fortune est
venue me sourire, grâce à vos soins, et que je ne
puis la partager avec cette mère, cette sœur chéries,
qui ont dû périr si misérablement, victimes du plus
affreux naufrage, voilà ce qui me navre, ce qui me
déchire !

Mme D'HENNEBON.

Eh ! mon Dieu, ne serait-il pas possible que votre
mère, votre sœur, ces objets si justement chers à
votre cœur, eussent échappé comme vous-même au

trépas ? Peut-être les vagues les auront-elles poussées contre quelque rivage, lorsqu'elles respiraient encore, peut-être les aura-t-on sauvées, recueillies.....

AZÉMIA.

Les cœurs comme le vôtre, Madame, sont difficiles à rencontrer. En supposant même que ma mère et ma sœur aient échappé à la mort, en supposant même qu'elles existent encore, n'ai-je pas lieu de craindre qu'elles ne soient malheureuses ; qu'elles ne soient réduites peut-être aux privations les plus intolérables. Oh ! j'ai là-dessus, depuis quelques jours, des pressentiments qui m'ont mise à la torture.

Mme D'HENNEBON.

Comment cela ?

AZÉMIA.

Cette nuit encore, après avoir été agréablement flattée par les tableaux gracieux qu'un songe retraçait à mon esprit, j'ai été tout à coup assaillie par les plus sombres, les plus terribles images. D'abord, il m'a semblé que j'étais aux jours de ma plus tendre enfance, que je voyais ma mère, que je l'embrassais ; ma sœur et moi, nous courions dans les allées du jardin, dépouillant les plates-bandes de leurs jolies fleurs, pour en former des couronnes qui nous étaient payées par un sourire, un doux baiser ; mais, hélas ! ces consolantes images n'ont passé devant mes yeux que pour faire place à des tableaux déchirants! C'étaient encore ma mère et ma sœur, mais tristes, désolées, souffrantes, les cheveux en désordre, et me tendant les bras, comme pour m'inviter à les tirer d'un péril affreux qui les menaçait...

La vivacité même de l'émotion à laquelle j'étais alors en proie, en a fait soudainement disparaître la cause; je me suis réveillée en sursaut. Je vous avouerai, Madame, qu'en dépit de tous les conseils d'une froide raison, de pareilles circonstances sont bien faites pour attrister.

Mme D'HENNEBON.

Pauvre enfant, que je vous plains! Je ne vous quitterai d'aujourd'hui, que le moins qu'il me sera possible. J'ai toute une histoire à vous raconter au sujet [de Louise : cela vous intéressera nécessairement et pourra contribuer à vous distraire un peu de toutes ces sombres préoccupations. Mais il faut qu'auparavant j'aille donner quelques ordres pressés; il s'agit d'une mission délicate, et j'ai besoin de choisir mes gens. J'espère vous retrouver plus calme, et alors vous saurez tout.

SCÉNE VI.

AZÉMIA (seule).

Ah! que ce songe m'a fatiguée !... Serait-il donc vrai, ô ma mère! que vous existeriez encore! Se-

rait-il vrai qu'après ce cruel naufrage, vous n'auriez
pas été, vous et ma sœur, ensevelies dans les pro-
fonds abîmes de la mer? Oh! s'il m'était permis d'espérer encore? Mais pourquoi me flatter de ces pensées chimériques? Hélas! je suis condamnée à une
douleur, à des regrets éternels!...

LES REGRETS.

(*Elle chante.*)

Non, je ne verrai plus ma mère
Me sourire, et ma jeune sœur
S'élancer joyeuse et légère,
Dans ses bras chéris, sur son cœur!
Jamais, rivales de tendresse,
Nous n'accourrons sur ses genoux,
Pour disputer une caresse
Ou la faveur de son regard si doux!

Je n'irai plus, dans les prairies,
Folàtrer aux bords des ruisseaux,
Ni former des tresses fleuries
Sous l'ombrage des vers berceaux!
Adieu, transports chers au jeune âge!
Adieu, doux espoir du bonheur!
Tous mes plaisirs ont fait naufrage,
Car je n'ai plus de mère, ni de sœur.

O ma mère, ô ma sœur chérie,
Que n'ai-je péri comme vous!

Pourquoi la tempête en furie
M'a-t-elle épargné son courroux?
C'en est fait, je suis condamnée
Aux pleurs, à d'éternels regrets !
De tes coups, triste destinée,
Mon cœur blessé ne guérira jamais.

Vous qui célébrez les louanges
Du Dieu puissant qui règne aux cieux,
Ah ! du riant séjour des anges,
Entendez mes cris douloureux !
Envoyez-moi les plus beaux songes
Des hauteurs du bleu firmament,
Ce sont au moins de doux mensonges,
Le cœur s'y trompe et jouit un moment (*bis.*)

AZÉMIA *semble méditer un instant, puis elle continue* :

Eh bien ! je ne sais pourquoi, il y a quelque chose
là qui me dit d'espérer encore ! Ah ! sans doute ,
c'est que nous vivons ici-bas d'illusions, et que l'es-
pérance est la dernière qu'invoquent les malheureux.
— (*Apercevant Louise.*) Déjà de retour, Louise?

SCÈNE VII.

AZÉMIA , LOUISE, TROUPE DE JEUNES ÉCOLIÈRES.

LOUISE.

Comme vous voyez, et de plus j'arrive à la tête de
toute une société de jeunes étourdies comme moi.

Entrez, Mesdemoiselles, entrez... C'est que, voyez-vous, Azémia, nous avons obtenu congé pour toute la soirée, et afin de mieux en profiter, nous avons organisé une partie de plaisir; vous en serez aussi, n'est-ce pas? Maman nous a donné carte blanche, à condition néanmoins que vous voudrez bien présider à nos jeux et nous accompagner à la promenade; maman y serait venue aussi, mais elle est en ce moment fort occupée, fort intriguée à propos de ce que vous savez déjà sans doute, et qui est cause qu'on m'a tant boudée ces jours-ci; enfin j'ai tout avoué, et maman a bien vu qu'au fond je n'avais pas tort.

AZÉMIA.

J'en sais assez pour juger que cette affaire honore vos bons sentiments.

LOUISE.

Vous devriez bien, Azémia, être un peu plus gaie aujourd'hui que vous ne l'êtes ordinairement; au reste, je suis résolue d'emporter la place d'assaut; nous sommes en force et en nombre, et il faudra bien que vos soucis déguerpissent ou qu'ils disent pourquoi.

CLÉMENCE.

Nos jeux vous contrarient peut-être, Mademoiselle? Dans ce cas vous n'avez qu'à parler....

AZÉMIA.

Mon Dieu! non, je n'ai jamais eu plus besoin qu'aujourd'hui d'agréables distractions, et je ne saurais en trouver de plus douces qu'au milieu d'un cercle de petites filles qui mettent dans leurs amusements d'autant plus de grâce et de charme, que l'innocence préside à tous leurs ébats.

ANAÏS.

Oui, mais vous danserez avec nous ?

AZÉMIA.

Vous pouvez commencer, et je vous verrai faire.

LOUISE (*d'un ton résolu*).

Allons, point tant de façons ! exécutons-nous de bonne grâce.

MARTHE.

C'est une chose bien décidée, il faut absolument que vous preniez part à nos jeux.

OCTAVIE.

Il est convenu aussi que chacune de nous chantera son couplet et que toutes diront le refrain.

CLÉMENCE.

Admis et de grand cœur ; nous n'avons pas congé tous les jours : sachons en profiter.

CÉCILIA.

Chanter ! c'est fort bien, mais quand on ne le sait pas ?

ELISE.

Entre nous, nous serons indulgentes.

LOUISE.

D'ailleurs une ronde....., rien n'est si facile, allons
et je donne l'exemple.

(*Elle chante.*)

Profitons de la licence
Que l'on nous donne aujourd'hui
Pour former des chœurs de danse
Et chasser le sombre ennui.

REFRAIN.

Mélancolie
C'est folie,
Maladie ;
La gaîté... c'est la santé.

Faut-il toujours qu'on s'ennuie
Qu'on gémisse incessamment,
Qu'au lieu d'égayer la vie
On s'en fasse un long tourment.

Mélancolie, etc.

L'âge heureux de l'innocence
De chacun est regretté,
On s'amuse, on rit, on danse,
Toujours franche est la gaîté.

Mélancolie, etc.

Par une faveur divine,
A notre âge , tous les jours
Sont des roses sans épines
Et qui fleurissent toujours.

Mélancolie , etc.

Eh ! bien ! profitons de l'âge
Où le plaisir est si pur ,
Où le ciel est sans nuage ,
Et toujours couvert d'azur.

Mélancolie , etc.

Comme on voit les hirondelles
Effleurer les bords d'un lac ,
Volons , mais gardons nos ailes
De tout dangereux contact.

Mélancolie , etc.

Plus tard le chagrin se mêle ,
Dit on, avec le plaisir ,
Mais la matinée est belle.
Il faut savoir en jouir.

Mélancolie , etc.

SCÈNE VIII.

LES MÊMES , ESTELLE , JEANNETTE.

JEANNETTE.

Quand vous voudrez, Mesdemoiselles, vous pourrez partir pour la promenade.

ESTELLE.

Tous les préparatifs sont faits et je vous assure que
la collation est des plus soignées, grâce au zèle de
Jeannette et de Mira. — (*Jetant un coup d'œil autour
d'elle.*) Ah! mon Dieu, vous avez mis tout à l'envers, ce n'est que désordre et poussière, nous voilà
de l'ouvrage pour une heure au moins.

JEANNETTE.

Et Madame qui précisément aujourd'hui doit recevoir compagnie.

LOUISE.

Oh! et quelle compagnie?

ESTELLE.

Je m'aperçois que Mademoiselle Adèle n'est pas
la seule qu'on peut appeler indiscrète... Eh bien!
Mademoiselle, contentez-vous de savoir qu'on doit
parler de choses fort importantes et qui, peut-être,
pourront bien vous regarder.

LOUISE.

Ah! je devine ce que c'est et j'aurais bonne envie
de rester.

ESTELLE.

Comment! vous quitteriez ces demoiselles, après
les avoir invitées? Ce serait bien mal à vous; d'ailleurs, les ordres de Madame votre mère sont for-
mels; elle vous croit même partie avec vos compagnes.

LOUISE.

Tu as raison, Estelle, je finirais par m'attirer de méchantes affaires. Cependant Dieu m'est témoin que je n'ai que de bonnes intentions.

ESTELLE.

Encore faut-il de la prudence et de l'obéissance surtout ; souffrez que je vous donne en passant cette petite leçon, moi qui ne suis pas savante. — (*Elles sortent en chantant le premier couplet de la ronde :*) Profitons de la licence, etc.

FIN DU PREMIER ACTE.

ACTE DEUXIÈME.

SCÈNE PREMIÈRE.

Mme D'HENNEBON, ADÈLE.

Mme D'HENNEBON.

Il est bien entendu, Mademoiselle, que vous connaissez la rue et la maison d'où sortait la petite fille dont Louise a fait la rencontre?

ADÈLE.

Oui, Madame, parfaitement. Coupable d'une première négligence, je me suis bien gardée d'en commettre une seconde, et je vous avoue qu'après les reproches que je me suis justement adressés à moi-même, j'ai enfin éprouvé une bien vive satifaction, en voyant que mes recherches avaient complétement tourné à l'avantage de Louise dont le bon cœur vous est démontré plus que jamais.

Mme D'HENNEBON.

A présent il faut que vous alliez trouver cette pauvre femme, que vous lui parliez de nous et du dessein où nous sommes de ne rien négliger pour apporter quelque adoucissement à sa triste position. Faites-lui entendre aussi que je serais bien aise de la voir et de lui parler.

ADÈLE.

J'espère que vous serez satisfaite de mon empressement à seconder vos desseins charitables.

SCÈNE II.

Mme D'HENNEBON (seule).

Puisse le ciel conduire à bonne fin toute cette histoire. Mon Dieu ! qu'il y a donc de douleurs dans le monde ! Que de plaies cachées et toujours saignantes, qui, pour être adoucies, demandent un baume discret et bienfaisant ! Heureuses les mains qui l'appliquent ! Faire un peu de bien, oh ! c'est de toutes les jouissances, la plus pure, la plus délicate. (*Elle s'assied.*)

SCÈNE III.

LA MÊME, MIRA.

MIRA.

Madame, j'ai à vous souhaiter le bonjour de la
part de Jeanne la fermière, qui nous a apporté encore des primeurs de la campagne, c'est un panier
de pêches des plus fines, des plus succulentes. Jeanne
est une bonne femme, qui vous aime bien, allez, et
votre petite Louise aussi, dont elle a demandé des
nouvelles, et qu'elle aurait voulu voir ; mais il se
trouve qu'elle est partie pour la promenade. A propos, Madame, savez-vous qu'à la suite de tout ce
que j'ai appris de cette bonne petite et de ce que
j'en ai vu moi même aujourd'hui en la reconduisant
à la pension, je me suis mise à pleurer et à l'embrasser, cette chère enfant, que je croyais que ça
n'en finirait pas. Oh ! mon Dieu, quel cœur que cette
petite Louise ! Votre véritable portrait enfin, et...

Mme D'HENNEBON.

C'est bon, c'est bon, tu continueras une autre
fois. En attendant, cours avertir la bonne Jeanne que
je désire la voir et la remercier moi-même avant
qu'elle parte.

MIRA.

Précisément el'e m'a chargée de vous prier de la
recevoir, ayant à vous parler de son fils Émile, le
militaire, dont elle a reçu des nouvelles, et qui, à ce

u'on dit dans tout le quartier, porte déjà les épau-
ettes de capitaine; c'est encore un bon fi's, allez,
elui-là ! Il paraît....

Mme D'HENNEBON.

Mais va donc, te dis-je !... Jeanne me racontera
out cela elle-même.

MIRA.

C'est que vraiment vous me taillez toujours la conversation si .courte avec vous ! moi qui pourtant
trouve tant de plaisir à causer avec Madame !

Mme D'HENNEBON.

Je n'ai point aujourd'hui le temps de t'écouter.
Va et fais ce que je te dis : sans cela, je vais me fâcher
tout de bon.

MIRA.

Vous fâcher, vous , Madame , comme si nous ne
savions pas qu'au fond vous ne vous mettez point en
colère, et puis ça passe si vite !

Mme D'HENNEBON.

Allons, il faudra que j'en prenne mon parti.

(*On entend frapper.*)

MIRA.

Tenez, Madame, je crois bien que c'est elle !

Mme D'HENNEBON.

Va donc ouvrir, du moins.

SCÈNE IV.

LES MÊMES, JEANNE.

JEANNE (*faisant la révérence*).

Pourvu que je ne vous gêne pas, Madame.

Mme D'HENNEBON.

Pas du tout, vous me faites, au contraire, un vrai plaisir. Vous avez à me parler, à ce qu'il paraît, et moi j'ai à vous remercier.

JEANNE.

Que dites-vous, Madame ! c'est si peu de chose à côté de tous les services que vous m'avez rendus, de tous les bons conseils que vous m'avez donnés !

Mme D'HENNEBON (*faisant signe à Mira de sortir*).

MIRA.

Oui, Madame, j'aime à causer, il est vrai, mais je suis bien loin d'être indiscrète.

(*Elle sort.*)

SCÈNE V.

Mme D'HENNEBON, JEANNE.

Mme D'HENNEBON.

Il paraît que vous avez reçu des nouvelles de ce cher fils que nous aimons tant avec vous ?

JEANNE.

Oui, madame, grâce au ciel, et je vous apporte une lettre dont nous n'avons pu déchiffrer que quelques mots, mon mari et moi, attendu que nous ne sommes pas savants, et que, malgré nos lunettes, nous n'y voyons plus guère. C'est égal, j'ai tout de même deviné bien des choses qui m'ont fait grand plaisir ; le mot de congé s'y trouve à coup sûr et alors vous jugez bien.....

Mme D'HENNEBON.

Oh ! je comprends, donnez vite, que je lise.

« Mon cher Père et ma chère Mère, je vous embrasse mille fois, je me porte à merveille et je suis sur le point d'être décoré. Cet honneur-là, c'est encore à vous que je le dois, c'est un fruit de vos leçons ; vous m'avez si souvent répété qu'au début d'une carrière quelconque, une bonne action porte bonheur, que j'ai voulu commencer mon service par un acte de courage et de dévouement, que je vais raconter en quelques mots. Nous étions en pleine mer ; un vaisseau venait de sombrer et de se briser misérablement sur des écueils. Il s'agissait d'arracher à la mort quelques malheureux qui se cramponnaient encore aux débris du navire : les efforts de plusieurs de mes camarades demeurèrent inutiles ; pour moi, je fus assez heureux pour sauver deux personnes, une mère et sa plus jeune fille ; malheureusement l'aînée avait disparu dès le commencement de la tempête, la violence des flots l'ayant tout à coup

séparée de sa mère et de sa petite sœur. Une cha-
loupe de sauvetage qui avait précédé la nôtre et,
autant que nous en pûmes juger, appartenait elle
aussi à un vaisseau français, l'aura peut-être recueillie... Je dis peut-être, car l'état de la mer ne
nous permit pas d'autre observation. Comme le capitaine pressait notre départ, je ne pus prendre
aucun renseignement positif sur le nom et le pays de
ces dames ; à peine eus-je le temps de les recommander aux soins des habitants d'une île voisine,
où nous dûmes les déposer. L'avouerai-je, bonne
mère, je ne m'en séparai qu'avec serrement de
cœur ; les bienfaits sont comme une douce chaîne
qui nous attache aux personnes que nous avons se-
courues. »

JEANNE.

Merci, mon Dieu, de me l'avoir donné si bon, si
tendre ; merci de l'avoir conservé au milieu de tant
de périls !

Mme D'HENNEBON (*continuant à lire*).

« A peine débarqués sur le sol américain, nous
eûmes avec l'ennemi une chaude et brillante affaire,
à la suite de laquelle il fut décidé que la croix
d'honneur viendrait briller sur ma poitrine ; de plus,
je viens d'apprendre que j'aurai bientôt mon congé
et que, dans six mois, au plus tard, je serai dans
vos bras. »

JEANNE (*joignant les mains*).

Je vous le disais bien, madame, que le congé s'y trouvait.

Mme D'HENNEBON (*continuant à lire*).

« Comme un sentiment profond nous rend toujours quelque peu poëte, je me suis plu à traduire celui que j'éprouve dans quelques strophes que je vous envoie et que j'ai arrangées pour le chant. Je serais bien heureux que la dame du château, Mme d'Hennebon, à qui j'offre ici l'expression respectueuse de mon souvenir et de toute ma reconnaissance, ne les jugeât point indignes de sa voix, si belle et si touchante. »

Mme D'HENNEBON.

Ah ! voilà un compliment à mon adresse ! Au reste j'en suis flattée, je vous prie de le croire, ma bonne Jeanne, puisqu'il vient d'un cœur si généreux. Si cela peut vous obliger aussi, et quoique fatiguée en ce moment, je m'exécuterai de mon mieux. Justement la musique accompagne les paroles ; mais vraiment, c'est un prodige que notre Emile, bon, généreux, dévoué, poëte et compositeur tout à la fois !

JEANNE.

Quand je vous disais, madame, que c'est le bon Dieu qui m'a bénie. (*Sur un signe de Mme d'Hennebon Jeanne s'assied, tire sa tabatière et ajoute*) : Que je prenne aussi mes lunettes pour mieux entendre.

Mme D'HENNEBON. (*Elle chante.*)

Soldat jeté sur la rive étrangère,
Lorsque rêveur je porte mes regards
Sur l'Océan, cette vaste barrière
Qu'on ne franchit qu'au milieu des hasards,

Je songe à vous... et malgré moi je pleure...
Puis je prends mon courage et je dis ;
Elle est bien loin, mais son cœur me demeure,
Je reverrai ma mère et mon pays.

Quand j'aperçois la troupe voyageuse
De ces oiseaux ennemis des hivers,
Et qui, bravant la distance orageuse,
Vont retrouver les nids qui leur sont chers,

    Je songe à vous, etc.

Près de son fils, quand je vois une mère,
Avec amour le pressant sur son cœur,
En entendant les doux mots que suggère
Au couple heureux leur mutuel bonheur,

    Je songe à vous, etc.

Lorsqu'un vaisseau doit quitter nos rivages
Et que je vois les heureux s'apprêter
Et tressaillir en pensant aux doux gages
Qu'ils vont revoir pour ne plus les quitter,

    Je songe à vous, etc.

Mais, ô bonheur, on m'apprend la nouvelle
Que dans six mois mon sort sera changé,
Et qu'au devoir m'étant montré fidèle
J'aurai la croix, et de plus, mon congé!...
Aussi bientôt, je reverrai la France
Et vous pourrez embrasser votre fils !
Oui, dans six mois, pour prix de ma vaillance,
Je reverrai, ma mère et mon pays.

Mᵐᵉ D'HENNEBON.

Eh bien ! ma bonne Jeanne, êtes-vous con—
tente ?

JEANNE.

Oui, Madame, et surtout du refrain : Je reverrai
ma mère et mon pays (*Elle fredonne le dernier vers*).

Mᵐᵉ D'HENNEBON.

Ou je me trompe, ou l'histoire d'Émile lui-même
n'est pas sans quelque rapport avec une autre, dont
je m'occupe en ce moment à débrouiller les fils
mystérieux. Serait-il vrai qu'Azémia aurait assez de
bonheur pour retrouver à la fois et rendre heureux
tous les êtres qui lui sont chers !

JEANNE.

Que dites-vous, Madame, et que parlez-vous de
mon fils adoptif, et quel rapport pourrait-il y
avoir ?.....

Mᵐᵉ D'HENNEBON.

Précisément, Émile n'est aussi que votre fils
adoptif, pauvre orphelin que vous avez recueilli,
élevé et fait instruire.

JEANNE.

Effectivevement , Madame , n'ayant pas nous-
mêmes d'enfants , nous avons fait à peu près pour
Émile, selon nos petits moyens, ce que vous avez
fait pour Azémia. Vous donnez de si bons exemples,
qu'on tâche de les suivre le plus qu'il est possible.

Mme D'HENNEBON.

Adieu, Jeanne ; si nous avons du bonheur dans la
journée, vous serez prévenue, et pour cause.

JEANNE *(en se levant)*.

Puisse le ciel , Madame , couronner toujours tous
les vœux de votre cœur.   *(Elle fredonne)* :

Oui, dans six mois, pour prix de ma vaillance,
      Je reverrai ma mère et mon pays.

SCÉNE VI.

Mme D'HENNEBON *(seule)*.

Oui, si j'en crois certains pressentiments, de bien
douces larmes vont couler aujourd'hui ! Combien
n'ai-je point à remercier le ciel d'avoir choisi ma
petite Louise, pour me mettre sur la voie d'une dé-
couverte si intéressante pour des cœurs qui souffrent, et qui, enfin , je l'espère, seront au comble
de leurs vœux !

SCÈNE VII.

LA MÊME, ADÈLE.

Mme D'HENNEBON.

Eh bien ! Mademoiselle, vous avez vu cette pauvre femme ?

ADÈLE.

Oui, Madame, et c'est à peine si je puis revenir de la vive émotion que cette entrevue m'a occasionnée.

Mme D'HENNEBON.

Expliquez-vous, j'ai hâte de vous entendre.

ADÈLE.

Quand je suis entrée dans le misérable réduit habité par la mère de Maria, mes regards se sont portés sur une femme belle encore, malgré l'altération visible de ses traits fatigués par les chagrins et la maladie. Elle était assise ; sa fille, à genoux devant elle, tenait, pressait de ses deux petites mains les mains amaigries de sa mère qu'elle arrosait de ses larmes. Elle semblait la conjurer d'accepter quelque nourriture ; et comme celle-ci la repoussait doucement, j'ai cru distinguer ces mots : « O Dieu, qui aurait cru que je serais, moi, réduite au pain de l'aumône ! » M'étant alors avancée, j'ai exposé les ordres dont vous m'aviez chargée, Madame ; j'ai parlé de Louise..... A ces mots, le visage de Maria s'est illuminé, une joie subite et une légère rougeur ont un instant animé les joues décolorées de sa mère ; puis, ayant passé la main sur son front, comme pour éloigner de sinistres pensées et rappeler tout son courage, cette pauvre femme s'est écrié avec vivacité : « Oui, Mademoiselle, j'irai ; dites à votre bonne et charitable maîtresse que je saurai trouver assez de forces pour aller me jeter à ses genoux et la remercier de ce dernier rayon de soleil qu'elle a fait luire sur mon infortune, pour la conjurer de veiller sur la destinée de ma petite Maria, la seule qui me reste des trois enfants que Dieu m'avait donnés. Et quand une fois j'aurai sa parole, puissent s'achever de se rompre les derniers et faibles liens qui m'attachent à la terre ! Puissé-je aller rejoindre..... »

Il lui a été impossible de continuer, tant elle se trouvait émue par les souvenirs que ces dernières paroles avaient évoqués. Mais Maria, s'étant alors levée avec précipitation, s'est jetée dans ses bras en s'écriant : « Non, maman, vous ne mourrez pas, vous ne voudrez point me quitter. Tout n'est point désespéré ; qui sait, peut-être serons-nous heureuses encore, » et lorsqu'elle disait ces mots, son visage était rayonnant, et elle semblait comme animée d'un sentiment surnaturel. L'objet de ma mission était accompli, j'en savais assez pour juger qu'il y avait là quelque grande plaie cachée et que le sort actuel de cette dame contrastait péniblement avec sa brillante position d'autrefois.

Mme D'HENNEBON.

Et n'avez-vous pu parvenir à connaître son nom?

ADÈLE.

Oh! pour cela, c'est un secret sur lequel elle re-
fuse absolument de s'expliquer : il semble qu'elle
veuille le cacher parce qu'il est trop en désaccord
avec sa position actuelle.

Mme D'HENNEBON.

Mon Dieu, Mademoiselle, il me vient des idées...
car enfin vous me dites que cette dame était autrefois dans un état de fortune brillante, qu'elle avait
trois enfants, que deux sont perdus, ou du moins
qu'elle le présume, mais tout cela semble justifier
un espoir que j'osais à peine m'avouer, et qui dès à
présent me paraît aussi sérieux qu'il m'est devenu
cher. Eh! dites-moi, n'avez-vous pas pris d'autres
renseignements, comme je vous en avais chargée ?...

ADÈLE.

Oui, Madame, et il m'a été dit que la mère de
Maria n'habitait cette ville que depuis très-peu de
temps, un mois au plus; qu'en arrivant ici, elle
avait pris des informations sur certaines personnes ;
mais le nom qu'elle leur donnait était inconnu dans
le pays; alors elle s'est écrié: « C'en est fait, plus
d'espoir ! » Depuis ce jour-là on n'en avait plus entendu parler, et on croyait même que cette dame
avait quitté la ville.

Mme D'HENNEBON.

Et vous dites qu'elle vous a promis de venir bientôt ici , elle-même ?

ADÈLE.

Oui, Madame.

Mme D'HENNEBON.

A la bonne heure, car je suis dans une telle impatience de pousser à bout mes éclaircissements que
sans l'assurance que vous me donnez, je vous aurais
priée de me conduire moi-même immédiatement à
sa demeure.

ADÈLE.

Mais vous pouvez , Madame , dès ce moment vous
entretenir avec sa fille , si vous le désirez.

Mme D'HENNEBON.

Maria ! Est-ce qu'elle est ici ?

ADÈLE.

Comme je savais que vous désirez les voir l'une
et l'autre , j'ai demandé à la mère la permission de
l'amener avec moi, afin de vous la présenter. « Allez,
Maria , a-t-elle dit aussitôt ; accompagnez Mademoiselle , je ne tarderai point à vous suivre, si Dieu
m'en fait la grâce. » En ce moment ses yeux remplis
de larmes se fixaient sur un crucifix , seul et cher
confident de ses longues et éternelles souffrances.
J'ai compris qu'elle se disposait à prier, et c'est alors
que j'ai pris congé d'elle et que je suis sorti avec
Maria.

Mme D'HENNEBON.

Pauvre femme ! Allez, Mademoiselle , je vous
prie, et faites entrer cette petite fille.

SCÈNE VIII.

Mme D'HENNEBON (*seule*).

Jamais, mieux qu'en ce moment, je n'ai compris
la vérité de cette maxime : qu'un service rendu porte
la récompense avec lui-même. Oh ! là-dessus, Jeanne
la fermière a mille fois raison : oui, mon cœur me
dit d'une manière bien éloquente que, si toutes mes
prévisions se réalisent, cette journée sera belle
entre toutes mes journées.

SCÈNE IX.

LA MÊME , MARIA , ADÈLE.

Mme D'HENNEBON (*apercevant Maria*).

Approchez , mon enfant ; ne vous intimidez pas
comme cela : je suis la maman de Louise : vous la
connaissez bien la petite Louise , n'est-ce pas ?

MARIA.

Oh ! oui, Madame, c'est elle qui a eu pitié de
nous , de ma bonne maman et de moi.

Mme D'HENNEBON (*à Adèle*).

Mais cette petite est fort bien ! je conçois mainte
nant la vérité de tout ce que vous m'avez dit.

ADÈLE.

Je vous assure , allez, Madame , qu'elles sont l'une et l'autre tout à fait dignes de votre intérêt.

Mme D'HENNEBON.

Mais, mon enfant, la délicatesse de vos manières, votre langage , votre mise même , tout est en complet désaccord avec la triste position , où de grands malheurs sans doute vous ont réduites depuis , votre maman et vous.

MARIA.

Ce serait , Madame , une longue histoire que de vous raconter tout cela , maman vous le dirait bien mieux que moi , et puis je ne sais pas tout , car toutes les fois qu'elle a entrepris de me faire ce récit douloureux , elle ne pouvait jamais finir ; ses pleurs l'en empêchaient , et moi je n'osais pas la prier de continuer , dans la crainte de l'attrister davantage encore.

Mme D'HENNEBON.

Cela prouve votre bon cœur, mon enfant. Eh dites-moi , ne seriez-vous pas bien contente de demeurer avec Louise ? d'aller en classe avec elle de revenir ensuite pour vous amuser ensemble ?...

MARIA.

C'est bien ce que me disait Louise , mais je craignais que cela ne pût avoir lieu , car , lorsque j'en parlais à maman , elle secouait tristement la tête , comme pour me dire : « C'est impossible, ma pauvre Maria ! » Vous concevez dès lors , Madame , que je n'avais garde de croire... Mais je vois bien à présent que Louise a une maman qui est bonne comme elle.

Mme D'HENNEBON.

Nous ne faisons que notre devoir , mon enfant, en tâchant de soulager ceux qui souffrent.

MARIA.

Il y a donc bien des gens dans ce monde qui ne font pas leur devoir !

Mme D'HENNEBON.

Pourquoi cela , ma petite ?

MARIA.

C'est qu'il me semble qu'il n'y a que vous et Louise qui ayez été capables de vous intéresser à nous.

Mme D'HENNEBON.

Vous seriez-vous adressée à d'autres sans succès ?

MARIA.

Non pas précisément; mais quand je voulais m'approcher, je croyais toujours lire dans les yeux des passants qu'ils n'auraient point fait attention à ma supplique : aussi je n'osais pas demander, et, sans votre bonne petite Louise, je crois bien que je serais morte de faim comme cela , à côté de maman. (*On entend un léger bruit*).

ADÈLE (*après avoir examiné*).

Il paraît, Madame, que c'est Louise qui est revenue de la promenade.

Mme D'HENNEBON.

Comment déjà ?

MARIA (*avec expression*).

Oh ! Madame, si vous vouliez me permettre de courir au-devant d'elle pour l'embrasser ?

Mme D'HENNEBON.

Attendez un moment, je ne veux pas qu'elle sache encore que vous êtes arrivée !... Tenez, en attendant, passez dans ce cabinet : vous paraîtrez lorsqu'on vous avertira.

SCÈNE X.

Mme D'HENNEBON, LOUISE, ADÈLE.

Mme D'HENNEBON.

Comment ! c'est vous, Louise, et seule encore ! Pourquoi donc avoir quitté vos compagnes ? Mais c'est d'une impolitesse !...

LOUISE.

Je sens bien que j'ai failli peut-être en cela. Du reste, Azémia m'a fait accompagner par une personne de la maison : j'étais vraiment si inquiète que je ne pouvais tenir en place : Estelle m'ayant assuré qu'on parlerait ici de choses qui m'intéresseraient vivement, je n'ai pu maîtriser mon impatience; j'avais idée, et c'est vrai, n'est-ce pas? qu'il s'agissait de ma petite protégée Maria, et vous sentez bien, maman, qu'étant sous le charme et la préoccupation d'une telle pensée, tous les amusements de la promenade me paraissaient insipides? Est-ce qu'on a du bonheur loin des objets qu'on aime, surtout lorsqu'on sait qu'ils souffrent de notre absence? Et puis, il faut bien que je vous le dise, Azémia est aussi vivement préoccupée que moi-même; il lui semble qu'elle est sur le point de trouver le mot d'une énigme qui la tourmente, elle a été bien heureuse de me permettre de revenir, afin de hâter, s'il est possible, le résultat des informations que vous deviez faire prendre; c'était bien convenu, n'est-ce pas, maman?...

Mme D'HENNEBON.

Aussi ces informations ont-elles été prises, et je vous dirai même qu'elles sont toutes à l'avantage de vos protégées; ainsi tout conspire à l'accomplissement de vos désirs.

LOUISE.

Je suis bien contente, et je vous remercie de bon cœur. (*Elle l'embrasse.*)

Mme D'HENNEBON (*après avoir fait un signe à Adèle*).

Et si je vous disais que vous allez voir Maria à l'instant même !....

LOUISE.

O Dieu !

(Maria paraît tout à coup, les deux enfants s'embrassent).

SCÈNE XI.

LES MÊMES , MARIA.

LOUISE.

Je m'en étais presque doutée... C'était une surprise agréable que vous me destiniez ; eh bien ! maman , elle vous a parlé ma petite protégée : n'est-ce pas qu'elle est bien intéressante ?...

Mme D'HENNEBON.

Comme vous dites , je la trouve tout aimable.

LOUISE.

Ah ! si vous saviez comme elle chante avec expression une jolie petite chansonnette où elle fait l'histoire de ses malheurs.

Mme D'HENNEBON.

Comment ! mais je serai ravie de l'entendre !

LOUISE (*à Maria*).

N'est-ce pas , Maria , vous voudrez bien chanter pour faire plaisir à maman et à moi ? .

MARIA.

Vous savez bien, Louise, que je ne puis rien vous refuser, trop heureuse d'avoir cette légère occasion de vous prouver toute ma reconnaissance.

(*Elle chante.*)

Sur ma jeunesse
Chagrins cruels
Dardaient sans cesse
Leurs traits mortels.

Mais à ma prière
Un ange a paru,
Et le sort contraire
    A disparu.

Loin du rivage
Où le plaisir
Fut mon partage,
Il fallut fuir ;

Mais à ma prière, etc.

Longtemps en lutte
Contre les flots,
Je fus en butte
A mille maux.

Mais à ma prière, etc.

Douleur amère
Au souvenir ,
Ma pauvre mère
Voulait mourir.

—   Mais à ma prière , etc.

Pâle et tremblante
Près du chemin
J'étais souffrante ,
J'avais grand faim ,

Lorsqu'à ma prière ,
Louise a cédé
Puis , près de sa mère
Intercédé...

Voilà, Madame. (*Elle fait la révérence.*)

Mme D'HENNEBON.

C'est bien , mon enfant , je suis contente , et je
le serai bien davantage si je parviens à vous rendre...
—(*A Adèle*). Mademoiselle, conduisez ces enfants dans
le jardin ; elles paraissent avoir beaucoup de choses
à se dire ; là , elles pourront causer à leur aise et
autant qu'elles le désirent. Que Jeannette se rende
immédiatement chez cette dame, qu'elle ne la quitte
plus que lorsqu'elle sera arrivée ici ; en attendant
je vais prendre quelque repos ; ces émotions m'ont
fatiguée ; surtout point de retard et que je sois prévenue à temps, pour recevoir une personne aussi

respectable ! O Azémia, quel bonheur je te prépare !
Mon Dieu , faites que mes prévisions ne soient pas
déçues!

(*Elles sortent.*)

ACTE TROISIÈME

SCÈNE PREMIÈRE.

MIRA.

Rangeons un peu tout cela pour l'arrivée de cette
étrangère, qui intéresse si fort tout le monde ici ?
On dit quelquefois que les personnes pauvres sont
méprisées ; ce n'est toujours pas dans cette maison,
puisqu'on les reçoit avec tous les honneurs qu'on
fait aux plus grands personnages. Mᵐᵉ d'Hennebon
a pris l'Évangile à la lettre et très-sérieusement,
s'il vous plaît : il en résulte que ma besogne à moi
ne va point en diminuant et qu'elle augmentera
encore au train dont vont les affaires. S'il est vrai ,
comme dit la chanson à Jeanne , que travailler c'est
prier , j'en fais donc bien des prières tous les jours,
Dieu merci ! Mais qu'aperçois-je donc dans ce coin,
là-bas? Tiens, c'est comme dit l'autre , quand on
parle du loup... Une comparaison plus noble s'il
vous plaît ! Disons : quand on parle du soleil on en

voit les rayons ; précisément c'est la quenouille à
Jeanne. Elle l'aura laissée par mégarde , ce tantôt.
Ça m'étonne, car c'est un meuble dont elle ne se
sépare guère. Voyons un peu si ça m'irait à moi?
(*Elle s'agence la quenouille et prend les allures et le ton
de voix de Jeanne; elle chante en essayant de filer.*)

File , file , file ,
 File, Jeanne,
 Travailler
 C'est prier ,
Jeanne, c'est prier.

C'est dommage que je ne me rappelle pas la suite.
Eh ! mon Dieu qu'à cela ne tienne , j'improviserai
les paroles et l'air tout à la fois, comme les anciens
bardes. Surtout dépêchons-nous, car si Jeanne venait
à m'y prendre...

Tarde , tarde , tarde ,
 Tarde , Jeanne,
 Seulement
 Un moment ,
Jeanne un p'tit moment.

Tarde , tarde. tarde ,
 Tarde , Jeanne,
 Pas d'émoi
 C'est pour toi ,
Jeanne, c'est pour toi.

Vienne , vienne , vienne
Vienne , Jeanne.
Et ni ni
J'ai fini ,
Jeanne , j'ai fini

SCÈNE II.

LA MÊME ; JEANNE (*paraissant tout à coup*).

JEANNE.

Oh ! Mira , je t'y prends , ma quenouille n'est pas perdue, Dieu merci , je vois qu'elle est entre bonnes mains.

MIRA (*montrant l'ouvrage qu'elle a fait*).

Eh bien ! qu'en dites-vous ?

JEANNE.

Je dis que tu te moques des gens, et qui pis est, que tu m'as brouillé et gâté ma fusée; du lin superbe vraiment et qui ne sera plus bon à rien!...

MIRA.

Oh ! que nenni, je suis habile.

JEANNE.

Oui à faire damner les saints ; donne, donne, que je m'en retourne.

MIRA (*la retenant*).

Ecoutez donc, j'ai toute une histoire à vous raconter.

JEANNE.

Merci de ton histoire et de tes services.

MIRA.

Quand je vous dis que c'est intéressant.

JEANNE.

Là-dessus, j'en sais aussi long que toi-même,
Jeannette et Estelle m'ont parfaitement instruite.

MIRA.

Alors vous conviendrez avec moi que cette maison
ne sera bientôt plus qu'un hospice.

JEANNE.

Je conviens que Mme d'Hennebon est une personne admirable de dévouement et de sensibilité.

MIRA.

A propos, que je vous apprenne une nouvelle.

JEANNE.

Encore ! parle vite au moins , car j'ai hâte !

MIRA.

C'est que je vois tous les jours tant d'inconvénient
à la sensibilité, à la charité que j'ai envie de me faire
le cœur dur.

JEANNE (*riant*).

Oui-dà ! joli projet et je t'en fais mon compliment !

MIRA.

Et qui plus est , j'en veux donner le conseil à tout
le monde, et à Mme d'Hennebon toute la première ,
car c'est elle qui en a le plus besoin.

JEANNE.

Bavarde sempiternelle, va ! Encore es-tu préférable à beaucoup d'autres , tu fais mieux que tu ne dis , tandis que la plupart se vantent de ce qu'ils ne font pas.

MIRA.

Oh ! pour cela , c'est bien un peu vrai, car malgré mes belles résolutions d'être impitoyable , d'avoir le cœur dur comme un rocher, quand je vois du mal à quelqu'un je pleure comme une sotte ; tenez, ce tantôt encore, quand j'ai vu cette pauvre dame !...

JEANNE.

C'est bon, c'est bon , je t'ai déjà dit que je savais tout cela ; adieu.... (*Voyant Jeannette qui entre avec précipitation*). Et qu'as-tu donc, Jeannette ? tu parais toute émue.

SCÈNE III.

LES MÊMES, JEANNETTE.

JEANNETTE.

C'est qu'on vous demande chez vous tout de suite ; il y a du nouveau . à ce qu'il paraît.

JEANNE.

Eh ! quoi donc ! serait-ce quelque malheur?

JEANNETTE.

Au contraire , on dit que vous serez contente. (*Jeanne sort.*)

MIRA.

Eh bien ! puisqu'il en est ainsi et qu'avec la meilleure volonté du monde , on ne peut seulement pas placer un mot....

(Elle chante.)

File , file , file
File, Jeanne ;
Ton chemin,
Va grand train,
Jeanne , va grand train.

SCÈNE IV.

MIRA, JEANNETTE.

MIRA.

Or ça , Jeannette, mais que se passe-t-il donc chez la mère Jeanne ?

JEANNETTE.

Vraiment , je n'en sais rien.

MIRA.

Comment ! tu n'as pas demandé ce que c'était, au juste ?

JEANNETTE.

Je n'en ai pas pris le temps ; c'était pressé; et puis, je ne suis pas curieuse. D'ailleurs ça ne me regardait pas.

MIRA.

Les nouvelles, cela vous regarde toujours un peu, sotte que tu es.

JEANNETTE.

Merci.

MIRA.

Voyons que je t'instruise et que je te dégourdisse un peu, en attendant que ces dames arrivent (*Elle la bouscule*).

JEANNETTE.

Holà donc, l'entreprenante !

MIRA.

Il faut que je t'apprenne les belles manières et les allures du grand monde.

JEANNETTE.

Jolies allures que les tiennes, ma fine !

MIRA.

Repassons un peu à nous deux la pièce que ces dames vont jouer bientôt ici, dans cette salle.

JEANNETTE.

Comment ! que je joue la comédie, moi ?

MIRA.

Eh ! oui, allons, et c'est plus facile que tu ne penses, puisque tout le monde le fait plus ou moins. Remarque bien : toi, tu es l'étrangère que nous attendons, et moi, je suis la dame du château qui te reçoit.—(*Après s'être affublé du chapeau, et avec affectation*) : Veuillez bien, Madame, je vous en conjure, prendre place sur ce siége qu'on vous a préparé.

JEANNETTE (*avec un ton sérieux*).

Est-ce que tu te moques de moi, tout de bon?

MIRA.

Eh! non, te dis-je, c'est pour faire semblant! Comment! tu ne comprends pas? (*Elle la force de s'asseoir*) A présent, réponds-moi, selon la demande (*Reprenant le ton affecté*). Vos malheurs dont je ne connais encore que la moindre partie m'ont vivement intéressée, émue… Si je ne craignais de renouveler vos chagrins… (*Ton naturel*). Eh! allons donc, tâche de minauder un peu, comme moi… Bah! tu n'y comprends rien.

JEANNETTE.

Je comprends que tu fais là un vilain métier, et que c'est bien mal à toi de te moquer de notre maîtresse, qui est si bonne, et des personnes qu'elle secourt, qui sont si dignes de pitié!

MIRA.

Au fait, tu as peut-être bien raison. Rien n'est aussi respectable que l'obligeance et le malheur (*Elle rejette son chapeau*). Tiens, grâce à toi, je sens que la folie s'en va et que le bon cœur revient. Oh! mon Dieu! J'entends du bruit; lève-toi vite, et que ces dames ne s'aperçoivent de rien. (*Elles sortent.*)

SCÈNE V.

Mme D'HENNEBON. — LA MÈRE DE MARIA.

(Ces dames entrent par le côté opposé et semblent continuer la conversation, commencée en dehors de la scène).

LA MÈRE DE MARIA

Le croiriez-vous, ô ma généreuse bienfaitrice ! — J'éprouve, en ce moment, une espèce de remords: c'est le regret d'avoir presque désespéré de la Providence. Hélas! il me semblait que la grandeur de mes infortunes rendait en moi ce sentiment excusable.

Mme D'HENNEBON.

Si je n'avais eu un motif plus puissant, que vous ne sauriez l'imaginer, de vous demander quelques détails sur les malheurs qui vous ont conduite à une position qui n'a pas toujours été la vôtre, j'aurais, veuillez le croire, Madame, respecté le mystère de vos douleurs, et je n'aurais point cherché à écarter le voile dont vous avez cru devoir les couvrir.

LA MÈRE DE MARIA.

J'étais, en effet, résolue de n'importuner personne de ce triste récit. Maria elle-même avait ordre de ne jamais s'expliquer à cet égard. A quoi bon révéler des faits que l'égoïsme n'aurait écoutés qu'avec distraction pour s'épargner la peine de céder à un mouvement de sensibilité. Mais à vous, Madame, je devais et j'ai dit la vérité, la vérité tout entière, à vous qui avez eu la délicatesse de m'éviter l'humiliation d'une demande que je ne me sentais pas le courage de formuler. Pardon de ce regard que j'ose jeter sur ma condition passée, et de l'aveu d'une sorte de honte que vous avez le droit de regarder comme un fait de mon amour propre.

Mme D'HENNEBON.

Je ne vois là que l'expression d'un sentiment que j'aurais même regretté de ne pas trouver en vous.

LA MÈRE DE MARIA.

J'aspirais cependant à revoir la France, mais seulement à cause de Maria ; pour moi, après les maux que j'avais soufferts, un avenir quelconque me paraissait indifférent. Une occasion ne tarda point à se présenter ainsi que l'avait espéré le jeune libérateur dont je vous ai raconté le courage et les généreuses sympathies ; cette occasion me fut fournie par un vaisseau qui cinglait dans ces parages et à la destination que je désirais. Enfin, j'arrivai en Bretagne. Un oncle sur lequel j'avais compté n'existait plus, et j'appris que tous ses biens avaient été réclamés par des personnes étrangères à la localité, mais qu'en me rendant ici, je pourrais me procurer des renseignements qui, joints aux lettres que j'avais à faire valoir, me feraient probablement recouvrer au moins quelques lambeaux de la fortune de mon parent. Je partis donc, j'arrivai dans cette ville ; je fis quelques démarches ; je n'osais compter sur leurs succès.

Aussi furent-elles sans résultat; j'entendis même une fois murmurer le mot d'aventurière, mon cœur fut brisé, et je ne quittai plus la modeste habitation que j'occupais. J'allais succomber enfin, en m'enveloppant de ma douleur comme d'un linceul funèbre... Je ne pouvais plus rien pour Maria. Ce qui jusqu'alors n'avait été que la privation du luxe venait de faire place au dénûment le plus affreux. C'est alors que Louise vint à notre secours, Louise cet ange de grâce et de charité, dont vous avez le bonheur d'être la mère... Madame, vous savez le reste.

Mme D'HENNEBON (se levant).

Eh bien ! sachez que la Providence a enfin mis un terme à vos longues souffrances, et d'abord je veux vous donner des nouvelles de cette fille chérie que vous croyiez perdue à jamais.

LA MÈRE DE MARIA.

Qu'avez-vous dit, Madame ? Au nom du ciel, expliquez-vous !....

Mme D'HENNEBON.

Oui, celle que vous avez tant pleurée existe.... Vous n'en douterez plus si j'ajoute qu'elle se nomme Azémia, et que vous êtes, vous, Mme de Rimenil.

LA MÈRE DE MARIA.

O Dieu, reçois ce cri de reconnaissance qui s'élève du fond de mon cœur (A Mme d'Hennebon.) Et comment se fait-il qu'elle ait échappé à cette tourmente épouvantable ? Qui donc l'a sauvée ?

3*

Mme D'HENNEBON.

Celui qui met un frein à la fureur des flots, celui, Madame, qui vous a sauvée vous-même et vous a conduite ici, où il avait fixé le terme de vos longues douleurs.

Mme DE RIMENIL.

Et depuis cet horrible naufrage, qui donc a veillé sur l'enfance de mon Azémia ? Qui donc a pris soin d'elle, de son éducation ?

Mme D'HENNEBON.

Ce sont des détails que je veux lui laisser à elle-même le plaisir de vous raconter.

Mme DE RIMENIL.

Oh ! je comprends, c'est à vous encore, Madame, à qui je dois cette faveur inouïe ; mais encore un mot, est-ce que je pourrai revoir ma chère Azémia.

Mme D'HENNEBON.

Aujourd'hui même et dans quelques instants ; mais en vérité vous êtes si faible que je suis presque à redouter les effets d'une pareille entrevue.

Mme DE RIMENIL.

Celle qui a su résister aux coups les plus affreux du malheur n'a rien à craindre de l'excès des impressions opposées.

Mme D'HENNEBON.

Je veux, en attendant, vous apprendre une autre nouvelle encore, c'est que toute la fortune de votre

oncle , M. Dubrand , se trouve entre les mains d'A-
zémia ; mais cette jeune et sensible personne refu-
sait d'en profiter parce qu'elle ne pouvait, disait-elle,
la partager avec sa mère et sa sœur. Maintenant je
vous demande la permission de vous quitter un
moment ; je reviendrai bientôt vous apporter toutes
les joies que peut contenir le cœur d'une mère.

SCÈNE VI.

Mme DE RIMENIL (*seule*).

O Dieu , vous ne m'avez donc fait passer par les
épreuves des plus cruels désastres , que pour me réserver aux émotions les plus délicieuses ! Ah ! que je
la voie , que je l'embrasse encore, ma chère Azémia !
Que je la retrouve belle et sage ! que mes yeux puissent contempler encore une fois ses traits chéris qui
me rappellent tout ce que j'ai aimé ! Que je les
tienne un instant l'une et l'autre pressées contre
mon sein ! Que j'aie la force de les recommander à
ces deux anges de consolation que la divine Providence a placés au bout de ma carrière comme pour
me dédommager des rudes assauts d'un voyage ,
hélas ! si pénible et où s'est usé ma frêle existence,
Je mourrai contente ; je verrai sans peine, je verrai
avec plaisir se délier la trame de mes jours et se
rompre le dernier des anneaux de cette chaîne qui
fut pour moi si lourde à porter. Mais d'où vient que
je frissonne ?... Une cruelle et affreuse pensée a tra-

versé mon esprit... O Dieu ! tout cela peut-être n'est qu'une illusion ! Ne suis-je point en proie à quelques songes trompeurs, fruit du délire qu'enfante l'approche du dernier instant? Ah ! je sens que mes idées s'égarent , que ma félicité m'échappe..... Et ma fille, la *seule* qui me restait, où donc est-elle ? Maria! Maria! toi aussi, tu m'as abandonnée !

SCÈNE VII.

LA MÊME, Mme D'HENNEBON.

Mme D'HENNEBON (*rentrant avec vivacité*).

O ciel! qu'ai-je entendu? Et quelle pénible agitation?

Mme DE RIMENIL.

De grâce , Madame , pardonnez à mon extrême faiblesse ; mais si mes deux enfants ne me sont point rendues dans l'instant même , je vais devenir incapable d'apprécier le bonheur que vous m'avez promis.

Mme D'HENNEBON (*d'une voix élevée*).

Il est temps : Azémia , paraissez !

SCÈNE VIII.

LES MÊMES , AZÉMIA (*se jetant sur le sein de sa mère*).

Mme D'HENNEBON (*pendant qu'elles s'embrassent*).

Mon Dieu ! qu'elles sont heureuses ! et qu'un pareil moment fait oublier de cruelles souffrances !

AZÉMIA.

Et ma sœur ?... Ne me la rendrez-vous pas aussi, Madame ?... Ne laissez pas mon bonheur incomplet. Ma sœur, où est-elle ?

SCÈNE IX.

LES MÊMES, LOUISE (*entrant tout à coup et tenant Maria par la main*).

LOUISE.

C'est moi, Mademoiselle, qui me suis réservée le droit de vous la présenter ; et je le fais avec bonheur ! (*Les deux sœurs s'embrassent.*)

AZÉMIA.

Oh ! maintenant je comprends tout. Le mystère s'est expliqué, et la reconnaissance que je vous dois, Madame, ne saurait être égalée que par celle que mon cœur voue pour jamais à la bonne et sensible Louise. (*Elle prend leurs mains, et les presse sur son cœur*).

LOUISE.

Eh bien ! maman, n'avais-je pas raison de m'intéresser à la petite fille de la rue de Paris ?

MARIA.

Oh ! mille fois raison, et c'est bien le meilleur et le plus gracieux de ses anges que la Providence nous a envoyé sous vos traits, pour mettre un terme à notre longue infortune.

SCÈNE X.

LES MÊMES, Mlle ADÈLE, MIRA, JEANNE.

ADÈLE.

C'est la bonne Jeanne et toutes les personnes de
la maison qui demandent à prendre part aux heureux transports de cette journée.

JEANNE.

Oui, Madame, et je viens avec d'autant plus d'empressement que j'ai à vous annoncer que, moi aussi,
je suis une mère heureuse! La lettre d'Emile ne l'a
précédé que de quelques jours, c'était une agréable
surprise qu'il a voulu me ménager.

Mme D'HENNEBON.

De retour, aujourd'hui, précisément! O voies admirables de la Providence, qui veut que tout se prête
à mes désirs!

MIRA.

Ah! je m'explique à présent pourquoi vous m'a-
vez quittée ce tantôt avec tant de précipitation, qu'à
peine ai-je pu vous faire entendre mes dernières paroles.

Mme D'HENNEBON *à Mme de Rimenil.*

Je suis tout à fait heureuse d'avoir à vous certifier
que ce fils chéri, que la bonne Jeanne vient d'embrasser, est précisément cet habile et généreux sauveur qui vous a tirées, vous et Maria d'un péril si
affreux.

Mme DE RIMENIL.

O Dieu! quelle rencontre! Et par quel concours de circonstances est-il donc arrivé ?

Mme D'HENNEBON.

Ce sont des détails qui vous seront expliqués plus tard; en attendant, apprenez encore ce qui va mettre le comble à votre félicité ; pour vous, Jeanne, prenez votre courage à deux mains; soyez forte et généreuse.

JEANNE.

J'écoute, Madame.

Mme D'HENNEBON.

Eh bien! cet enfant amené en France par un vieux soldat revenant de la Jamaïque, où il l'avait arraché des mains d'une troupe d'esclaves révoltés , cet enfant qu'après la mort de son bienfaiteur , vous avez si généreusement recueilli , nourri et élevé avec tant de soins , n'est pas seulement le libérateur, le sauveur généreux de Madame , mais c'est encore son fils, oui, son fils, celui qu'elle croyait avoir été victime d'un massacre affreux , et que la Providence lui a si miraculeusement conservé.

AZÉMIA.

Emile serait ce frère bien-aimé dont vous m'avez parlé autrefois, ô ma mère, en termes qui me l'ont rendu si cher , bien que mes souvenirs ne puissent se reporter jusqu'à lui ?

MARIA.

Un frère et une sœur chéris qui nous sont rendus
tout à la fois! Vous voyez bien, maman, que la Providence ne nous avait point abandonnées, puisqu'elle
nous réservait ces doux transports.

Mme DE RIMENIL.

Je vous en conjure, ô ma généreuse bienfaitrice,
à la réalité si douce dont je jouis en ce moment ne
joignez point une illusion qui, en se dissipant, me
deviendrait cruelle.

Mme D'HENNEBON.

Ce n'est point une illusion. Mes preuves sont
claires comme le jour; c'est vous-même qui, par
les diverses circonstances de votre récit, jointes à ce
que je savais déjà, m'avez donné la certitude com-
plète de ce que je viens d'avancer.

JEANNE (*avec noblesse*).

Madame, vous retrouvez votre *enfant*, *tous vos
enfants*, et moi, je perds le mien, le seul que je pos-
sédais, et cependant, dans la crainte d'altérer votre
bonheur, je n'ai pas le courage d'en être jalouse;
encore quelques instants et je remettrai moi-même
dans vos bras le fils dont vous avez pleuré la perte
imaginaire et que je vous demande la permission
d'aimer encore, c'est la seule consolation qui me
reste dans ce monde.

(*Mme de Rimenil porte vivement à ses lèvres la main
de la bonne Jeanne.*)

Mme D'HENNEBON.

Jeanne, je suis contente de vous. Voilà de beaux, de généreux sentiments; je suis enchantée d'avoir acquis cette nouvelle preuve qu'il est sous la bure d'aussi nobles cœurs que sous les habits dorés.

MIRA.

Voyez donc comme tout cela me touche et me fait pleurer aussi, moi qui avais promis d'avoir le cœur si dur !

Mme DE RIMENIL.

A présent, mes filles, à moi de remercier le ciel et nos admirables bienfaitrices; à vous de chanter l'expression de notre reconnaissance intarissable, pendant que mon cœur de mère va demander à l'Éternel la récompense dont elles sont si dignes! et qu'il est seul capable d'accorder.

AZÉMIA (*elle chante*).

Ma voix naguère eût refusé de dire
Tout autre chant que des chants de douleur,
Mais ce qui fait qu'aujourd'hui je soupire,
C'est un excès d'ineffable bonheur !
Ainsi qu'au bois gémit la tourterelle,
Dont l'oiseleur déroba les petits,
Je gémissais, je languissais comme elle,
Loin des trésors qui me furent ravis !

(Toutes.)

Loin des trésors qui lui furent ravis !

Après la nuit, une douce lumière
Vient de briller dans mon ciel plus serein;
Et l'Éternel, exauçant ma prière,
Fait succéder les transports au chagrin.
De mes beaux plants la tige est refleurie
Je les croyais par l'orage emportés,
Mais quand sur eux il grondait en furie,
Un ange ami veillait à leurs côtés.

(Toutes.)

Un ange ami veillait à leurs côtés.

Vous, dont le cœur reçut une blessure
Que vous croyez devoir saigner toujours,
Priez, priez, l'auteur de la nature
Des flots amers saura tarir le cours.
Du haut des cieux veille la Providence
Fixant un terme aux luttes du malheur;
Ne doutez pas, car le doute l'offense :
Un jour d'épreuve, et puis c'est le bonheur.

(Toutes.)

Un jour d'épreuve, et puis c'est le bonheur.

MIRA.

Est-ce qu'on s'imagine bonnement que ça finira de même ? Oui , si je n'étais pas là avec mon coup de théâtre que je tiens en réserve... On a pleuré d'abord , on a pleuré pendant , on voudrait presque pleurer après. Moi-même je m'y suis laissée prendre , c'était contagieux. Enfin me voilà rendue à mon caractère, et en dépit de toutes les doctes cervelles, qui prétendent que le bonheur ça fait pleurer, je dis, moi, que le bonheur ça fait rire, et que , lorsqu'il en arrive comme aujourd'hui , trois ou quatre à la fois, il faut s'épanouir et s'endimancher absolument comme au jour de Pâques. — Arrivez donc, jeunes amies, et joignons l'exemple à la parole.

SCÈNE XI.

LES MÊMES, TROUPE DE JEUNES ÉCOLIÈRES PORTANT DES COURONNES DE FLEURS, TOUTES LES ACTRICES.

ANAÏS (*s'adressant à Azémia*).

Nous avons pris part à vos chagrins, nous voulons aussi prendre part à vos justes transports.

MARTHE.

Nous arrivons chargées de couronnes de fleurs , et non pas de cyprès. C'est fort significatif cela !

AZÉMIA.

Je comprends ; mais qui donc vous a si bien renseignées ?

OCTAVIE.

Après le départ de Mlle Louise , qui déjà nous intriguait , et le vôtre qui nous a intriguées encore plus , nous avons organisé un service de dépêches entre le parc et le château : Estelle servait de courrier , et Mira rédigeait la correspondance et donnait les ordres.

JEANNE.

Oh ! Mira, c'est tout dire.

CÉCILIA.

Quand je vous dis qu'il faudra en faire une attachée d'ambassade !....

CLÉMENCE.

Elle a le génie organisateur, et plaisant par-dessus le marché.

ÉLISE.

Une justice à lui rendre , c'est qu'elle est aussi sage qu'elle est gaie.

MIRA.

A la bonne heure , et je vous remercie, mais trêve de compliments. On sait qui les mérite ici (*Toutes se tournent vers Mme d'Hennebon*).

Mme D'HENNEBON.

Chacune a fait son devoir selon ses moyens ; à présent je vous invite à vous livrer à vos divertissements de circonstance ; après quoi, il vous sera servi des rafraîchissements pour réparer vos forces.

TOUTES.

Vive Madame d'Hennebon !

Mme D'HENNEBON.

Puisse le bonheur que j'éprouve en ce monde n'être pas ma seule récompense!

Mme DE RIMENIL.

Elle ne saurait être que le prélude de celle que Dieu destine aux bons cœurs, aux cœurs chrétiens comme le vôtre.

(*La ronde s'organise.*)

UNE VOIX.

1.

Après longue et pénible attente
Quand revient une mère absente,
S'il faut aux cœurs
Des traducteurs,
Rondes et chants
De chœurs d'enfants
Portant des fleurs
Sont les meilleurs.

UNE AUTRE.

2.

Pour célébrer une obligeance
Inépuisable et sans jactance ,
     S'il faut aux cœurs, etc.

UNE AUTRE.

3.

Pour admirer une grande âme
Comme la vôtre , noble dame,
     S'il faut aux cœurs, etc.

UNE AUTRE.

4.

Pour peindre un dévouement sincère,
Pure amitié que rien n'altère ,
     S'il faut aux cœurs, etc.

UNE AUTRE.

5.

Pour apprécier de Louise
La discrète et sainte entreprise,
     S'il faut aux cœurs, etc.

UNE AUTRE.

6.

Pour t'égayer, bonne fermière
Qui nous vois rire et ne ris guère,
     S'il faut aux cœurs, etc.

UNE AUTRE.

7.

Mais pour marquer le juste hommage
Que nous rendons à ton courage ,
S'il faut aux cœurs, etc.

UNE AUTRE.

8.

Enfin pour clore la séance
Et remercier l'assistance,
S'il faut aux cœurs, etc.

FIN.

POITIERS, TYPOGRAPHIE ET STÉRÉOTYPIE OUDIN.

LA RELIGION EN ACTION

LA RELIGION EN ACTION

RÉPERTOIRE DE LA JEUNESSE.

2e SÉRIE. — Ont paru :

1o La bonne Demoiselle ou le Voyage en Terre-Sainte, Comédie-Vaudeville, en trois actes, in-18, broché.

— Chants pour la Fête de la sainte Enfance.   » 80

2o Magdaléna ou la petite Fille corrigée, Comédie-Vaudeville, en quatre actes, in-18, broché.   » 80

3o La vraie Religion, poëme en quatre chants. — Sacre de Mgr Antoine-Charles Cousseau, évêque d'Angoulême, stances, in-18, broché.   » 60

4o Le Double Sacrifice ou la Vertu récompensée, Comédie-Vaudeville en trois actes, in-18, broché.   » 80

5o Azémia ou la Charité chrétienne, Comédie-Vaudeville, en trois actes, in-18, broché.   » 80

6o La Réparation ou la Rencontre providentielle, Comédie-Vaudeville en trois actes, in-18, broché.   60

Poitiers. — Typographie et Stéréotypie OUDIN.